REMATRIAMENTO COMUNITÁRIO

Projeto

Realização

Patrocínio

© 2022 Projeto Quixote

OBS.: As fotos das crianças e adolescentes foram tratadas para preservar sua imagem.

Editora
Renata Farhat Borges

Revisão
Mineo Takatama

Desenho do livro
Márcio Koprowski

Fotografia
Educadores da equipe
do Projeto Quixote

MISTO
Papel produzido a partir
de fontes responsáveis
FSC® C169512
FSC
www.fsc.org

Editado conforme o Acordo Ortográfico
da Língua Portuguesa de 2009.
1ª edição, 2022

Editora Peirópolis Ltda.
Rua Girassol, 310F – Vila Madalena
05433-000 – São Paulo – SP
tel.: (11) 3816-0699

vendas@editorapeiropolis.com.br
www.editorapeiropolis.com.br

Disponível em e-book nos formatos ePub e KF8
(ISBN 978-65-5931-052-4 e 978-65-5931-051-7)

Dados Internacionais de Catalogação na Publicação (CIP)
Vagner Rodolfo CRB-8/9410

R384	Rematriamento comunitário: fortalecimento dos vínculos familiares de crianças e adolescentes em situação de rua / vários autores ; organizado por Graziela Bedoian, Auro Lescher, Raphael Fabro Boemer. – São Paulo : Peirópolis, 2022.
	186 p. ; 21cm x 19,5cm.
	ISBN: 978-65-5931-053-1
	1. Assistência social. 2. Crianças em situação de rua. 3. Vulnerabilidade social. I. Bedoian, Graziela. II. Lescher, Auro. III. Boemer, Raphael Fabro. IV. Título.
2022-245	CDD 361.61 CDU 364.3

REMATRIAMENTO COMUNITÁRIO

Fortalecimento dos vínculos familiares de crianças
e adolescentes em situação de rua

GRAZIELA BEDOIAN
AURO DANNY LESCHER
RAPHAEL FABRO BOEMER
(ORG.)

Com a colaboração
da equipe de educadores do programa Refugiados Urbanos do
Projeto Quixote

Este livro busca entender a situação de rua de crianças e adolescentes a partir da lógica do território de origem deles,

a mátria.

Ele descreve as experiências vividas pela equipe de educadores do programa Refugiados Urbanos do Projeto Quixote no rematriamento de meninos e meninas em trânsito pelas ruas, por meio de uma metodologia que se inicia com a aproximação com a família, a comunidade, a rede e as possíveis políticas públicas em torno desse eixo

de vulnerabilidade social. Foi desenvolvido durante quase dois anos no território de Sapopemba,

na capital paulista.

APRESENTAÇÃO

A Petrobras apoia soluções socioambientais em todo o país, por meio de parcerias com organizações da sociedade civil, realizadas pelo Programa Petrobras Socioambiental.

São iniciativas voltadas para a geração de emprego e renda; preparo para o exercício da cidadania; conservação da biodiversidade costeira e marinha; recuperação de florestas e áreas naturais; e atendimento de crianças e adolescentes. Todas essas frentes de atuação contribuem para a transformação socioambiental dos territórios onde a Petrobras atua. São projetos dedicados a crianças e adolescentes contribuindo para o acesso a atividades educacionais complementares, práticas esportivas, socioculturais e, também, para que atores do sistema de garantia de direitos das crianças e dos adolescentes e profissionais da rede socioassistencial tenham capacitações em temáticas relevantes no campo da promoção, defesa e efetivação de direitos das crianças e adolescentes.

Junto com instituições parceiras, temos resultados a comemorar no campo da promoção de direitos, ou seja, na oferta de ações que garantem o acesso a esporte, educação e cultura. Também temos iniciativas que atuam na defesa de direitos, em contextos drasticamente desafiadores: o atendimento em situações nas quais os direitos humanos estejam ameaçados, como violência doméstica, trabalho infantil, exploração e abuso sexual. Desenvolvidas pelos nossos projetos, as ações de promoção e de defesa de direitos de crianças e adolescentes contribuem para a melhoria das condições de vida das comunidades onde atuamos, um dos compromissos de nossa Política de Responsabilidade Social.

Por meio de iniciativas como estas, procuramos nos alinhar com compromissos na área de direitos da criança dos quais a Petrobras é signatária, como a Declaração de Compromisso Corporativo para o Enfrentamento da Violência Sexual contra Crianças e Adolescentes, assinada em 2010, e, mais recentemente, o Pacto Nacional pela Primeira Infância, assinado em 2019.

O projeto Rematriamento de Crianças em Situação de Rua, executado pela Associação de Apoio ao Projeto Quixote (AAPQ), faz parte dessa história de conquistas sociais e bons resultados. Com o objetivo de fortalecer o trabalho comunitário de prevenção do fenômeno crianças e adolescentes em situação de rua na rede local de Sapopemba, em São Paulo, o Rematriamento desenvolveu uma estratégia inovadora, focando como ponto de partida a comunidade de origem e as famílias das crianças com vivências de rua, em contraponto à ordem tradicional das intervenções, que partem de uma abordagem inicial com crianças e adolescentes já em situação de rua para, depois dos vínculos já construídos, chegar até às famílias.

Essa nova metodologia alcançou resultados expressivos, ampliando a qualidade das ações de fortalecimento de vínculos, com grande adesão das famílias e serviços locais. Além disso, o projeto também atuou no fortalecimento da rede de proteção integral de crianças e adolescentes, realizando capacitação de 105 profissionais da rede socioassistencial em conteúdos sobre prevenção à situação de rua e desenvolvimento da primeira infância.

Importante também ressaltar os enormes desafios enfrentados pelo projeto em virtude do contexto da pandemia de COVID-19. A AAPQ precisou redesenhar cuidadosamente o seu plano de trabalho, desenvolvendo protocolos e novas formas de atuação adequadas às necessidades sanitárias e de distanciamento social. Este livro registra toda essa experiência exitosa, trazendo de forma sistematizada e consolidada os principais aprendizados, experiências e lições aprendidas do projeto Rematriamento, disponibilizando subsídios importantes para políticas públicas de prevenção ao fenômeno de crianças em situação de rua.

É com grande orgulho que assinamos esta apresentação, com a certeza de que nosso patrocínio contribuiu para a transformação de muitas vidas.

Petrobras

Para assistir ao vídeo

Nosso agradecimento a todas
as famílias e serviços da rede
de atendimento de Sapopemba
e de outros bairros de São Paulo
pela generosa acolhida e partilha,
por todas as contribuições
conjuntas e aprendizados
sobre como possibilitar
o rematriamento de crianças
e adolescentes em situação
de vulnerabilidade.

MAPA DO LIVRO

Prefácio, Jorge Broide, 14
Lista de siglas, 18

O menino em números, 22
Rematriamento, 25
Rematriamento de crianças em situação de rua, 28
o caminho, 33
intervenções do projeto, 34
saída a campo, 36
atendimento às famílias, 38
rede, 39
cursos, 40
grupos temáticos, 41
na escuta, 42

Metodologia, como se achegar, 45
mas aqui não tem crianças de rua, 48
a rua começa antes da rua, 59
a rua é aqui, 51
O papel do educador, Auro Danny Lescher, 53
Despertar o ser político, Cláudio Loureiro, 56

Família: cada porta, um universo, 59
Primeira visita: uma estrada pela frente, 60
Ferramentas de olhar para a família, Isabel
Ferreira, 66
Alguns organizadores para intervenção familiar,
Suely A. Fender, 73

Diário de bordo 77
primeira visita: calma para não assustar, 79
a aflição é o sumiço, 80
ele nunca está, 83
invisíveis aos olhos da comunidade, 86
que sorte?, 89
a caminho do ferro-velho, 92
o sino que desperta a molecada, 93
disputa de ponto, 94
todo dia / precisando, 95
o farol família, 96

Mátria, 99
Territórios, Maria Cecilia Garcez Leme, 101
no campo, 105
como você está?, 110
3.dez. busca / 5.maio. busca, 112
Como preparar o olhar?, Cynthia Sarti, 115

Brechas de vida, 121
fazendo poeira, 124
se essa rua fosse minha, 126
a praça é nossa, 127
brincadeira de criança, 128

Rematriar a rede, 133
Território rede, Alberto Antônio Comuana, 134
Rede: talentos que transformam, Raquel Barros, 136
Escola e rede de proteção, Aline Jardim
Vasconcelos, 138

Pequenas conquistas, 141
O mundo Sapopemba, Raphael Fabro Boemer, 142
Pequenas conquistas, 144

Rematriar as políticas públicas, 149
Como a política pública trata a experiência de
rua na infância, Judith Zuquim, 151

Aprendizados, 155
A parede fina do barraco, Graziela Bedoian, 156

Posfácio, Auro Lescher, 161

O menino em números, 161

Referências bibliográficas, 164

Equipe de campo, 166

Créditos das imagens, 166

Minibiografias, 166

O Projeto Quixote, 179

PREFÁCIO

O trabalho no campo social exige um cruzamento de fronteiras. As fronteiras estão no território da cidade e dentro de nós. Cruzar a linha exige outra forma de escutar, de pensar, de sentir, de se relacionar com o outro, de formular e implementar projetos de atendimento e políticas públicas. As fronteiras estão nas instituições, nas equipes e em seus coordenadores, nos gestores públicos, nas empresas privadas e do terceiro setor. Estão na maioria de nós, que viemos de uma formação acadêmica de classe média.

Cruzar a fronteira é deparar-se com o novo, com a alteridade, com o desconhecido e temido. É abrir-se ao mundo, escutar com o corpo inteiro na transferência, deixar-se envolver pelo calor, pela chuva, pelo sol na cabeça. É estar aberto a uma escuta em que as diferenças de classe social e de cor da pele se apresentam de forma concreta, geralmente em um impacto mudo, raramente falado e pensado na relação transferencial, que é um encontro entre dois mundos. Somos nós que temos de cruzar a linha!

A psicanálise no campo social só é possível com o cruzamento das fronteiras que se apresentam nas relações transferenciais, nas mais diferentes formas de atendimento, seja ele individual, grupal, institucional, prestado às comunidades, seja nas ruas da cidade.

O trabalho da equipe do Projeto Quixote nos mostra isso com toda a clareza. O território é a cidade, o corpo físico e psíquico das meninas e dos meninos são as ruas, as famílias e os corpos e mentes das equipes de atendimento. É nesses territórios que as diferenças e encontros são possíveis, ou impossíveis. É estar na linha da fronteira, atravessá-la sem uma nomeação *a priori*, sustentando o vazio do desconhecido que encobre e domina o medo da escuta. Quando entramos no território de Sapopemba, os refugiados somos nós.

Estamos falando aqui de uma escuta clínica da cidade, de uma escuta territorial. Uma clínica que se dá no entendimento da pulsação desse espaço. Na psicanálise, o método, o caminho é construído tendo por base quatro conceitos fundamentais: o inconsciente, a pulsão, a repetição e a transferência. Além do que, está visto, perguntamo-nos o que dirige, através das relações inconscientes, os laços familiares e com o espaço urbano; o que se repete constante e insistentemente, sem palavras, de forma muda, nos laços entre as pessoas; como se dão os afetos e a sexualidade nas ruas, nas casas, nas praças; e como tudo isso se apresenta na transferência com a equipe de trabalho. É através dessa escuta que se criam os dispositivos de operação no território. É o que a equipe do Projeto Quixote faz quando busca um olhar, uma escuta, tridimensional: clínica, mas também pedagógica e social.

Penso que trabalhos como esse que o Projeto Quixote realiza nos trazem o futuro da psicanálise, que precisa suportar a alteridade, o cruzamento dessas fronteiras, e ter a coragem de sentir-se estrangeira e refugiada no mundo contemporâneo.

Jorge Broide

LISTA DE SIGLAS

AMA — Assistência Médica Ambulatorial
Unidade de saúde da Atenção Básica Municipal integrada à rede de serviços, atendendo à demanda espontânea de agravos menores.

CAPS — Centro de Atenção Psicossocial
Unidade de atendimento intensivo e diário a portadores de sofrimento psíquico grave, é uma alternativa ao modelo centrado no hospital psiquiátrico, pois permite a permanência junto com a família e a comunidade.

CCA — Centro para Crianças e Adolescentes
Centro de convivência para desenvolvimento de atividades lúdicas, culturais e esportivas com crianças e adolescentes de 6 a 14 anos e 11 meses, tendo por foco a constituição de espaço de convivência a partir dos interesses, demandas e potencialidades dessa faixa etária.

Cedeca — Centro de Defesa da Criança e do Adolescente
Dá prioridade ao fortalecimento do controle social sobre políticas públicas de promoção dos direitos de crianças e adolescentes e procura garantir sua defesa jurídico-social em casos de violência sexual.

Conanda — Conselho Nacional dos Direitos da Criança e do Adolescente
Criado em 1991, previsto pelo Estatuto da Criança e do Adolescente como o principal órgão do sistema de garantia de direitos. Por meio da gestão compartilhada, governo e sociedade civil definem diretrizes para a Política Nacional de Promoção, Proteção e Defesa dos Direitos de Crianças e Adolescentes.

Condeca — Conselho Estadual dos Direitos da Criança e do Adolescente
Participa da elaboração das políticas de atendimento à criança e ao adolescente, gerencia o Fundo Estadual dos Direitos da Criança e do Adolescente (Fedca), formado por doações de pessoas físicas e jurídicas para projetos de organizações sociais.

CRAS — Centro de Referência de Assistência Social
Unidade pública estatal de base territorial localizada em áreas de vulnerabilidade social, faz serviços de proteção social básica e organiza e coordena a rede de serviços socioassistenciais locais da política de assistência social. Dada sua capilaridade nos territórios, é a principal porta de entrada dos usuários para a rede de proteção social do Sistema Único de Assistência Social (Suas).

CREAS — Centro de Referência Especializado de Assistência Social
Unidade pública estatal que oferece serviços especializados e continuados a famílias e indivíduos em diversas situações de violação de direitos a fim de potencializar e fortalecer sua função protetiva.

EMEF — Escola Municipal de Ensino Fundamental.

EMEI — Escola Municipal de Educação Infantil.

ET — Educador terapêutico
Nome com que o Projeto Quixote designa os educadores sociais que acompanham crianças e adolescentes em situação de rua visando garantir seus direitos à saúde, educação, lazer, cultura e retorno à família.

Ong — Organização não governamental

Oscip — Organização Social de Interesse Público
Organizações não governamentais que cumprem requisitos específicos determinados pelo Ministério da Justiça com a finalidade de facilitar parcerias e convênios com todos os níveis de governo e órgãos públicos e permitir que doações realizadas por empresas possam ser descontadas no imposto de renda.

UBS — Unidade Básica de Saúde
A porta de entrada do sistema de saúde, faz parte da atenção primária da Política Nacional de Urgência e Emergência, lançada pelo Ministério da Saúde em 2003.

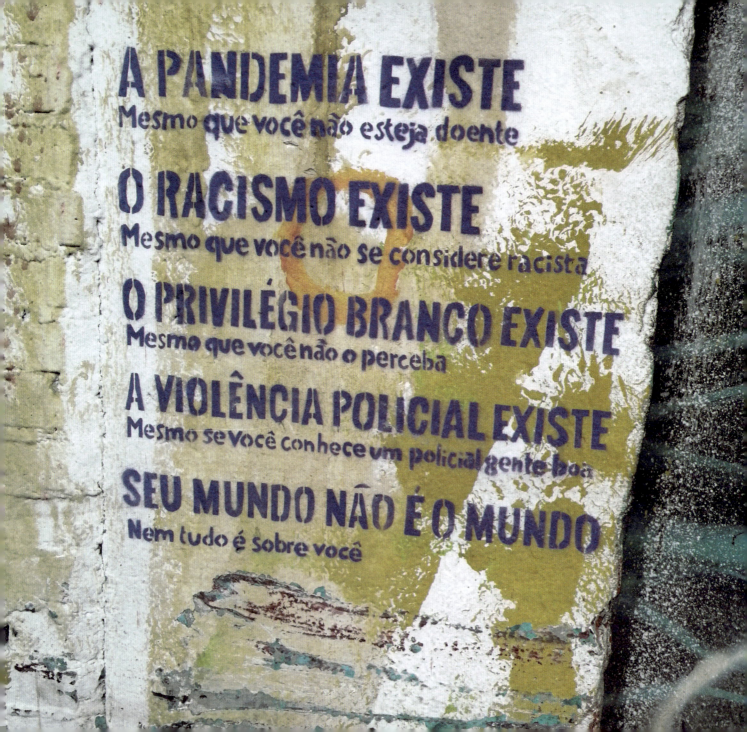

SAPOPEMBA

DISTRITO DE SAPOPEMBA, NA CAPITAL, TEM MAIS MORTES QUE 626 CIDADES PAULISTAS

O MENINO EM NÚMEROS

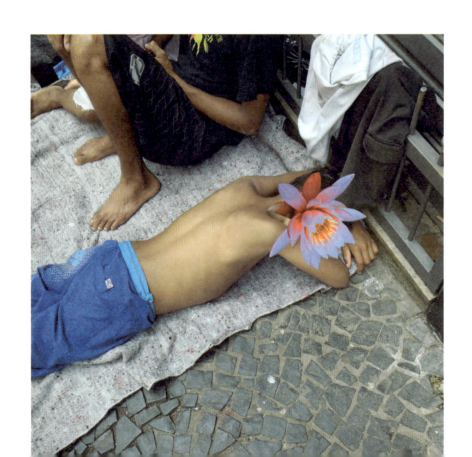

Nasceu no **6º** mês de GESTAÇÃO

9 anos de idade foi para as RUAS

13 anos HOJE

3 IRMÃOS

1 mãe, AFLITA

4 CÔMODOS em casa

15 dias nas ruas e 15 DIAS em casa

∞ NOITES maldormidas

7 dias da semana dormia de dia em casa e nas ruas TAMBÉM

2 vezes PRESO

3 dias internado por COVID

1 caixa de BALA de goma vendida por dia

3 vezes por semana vai para TERRITÓRIO Santo André

REMATRIAMENTO
REMATRIAMENTO

**REMATRIAR É
FORTALECER AS FAMÍLIAS
CONHECER OS RECURSOS DO TERRITÓRIO
CONECTAR A REDE LOCAL ÀS FAMÍLIAS
INTEGRAR AÇÕES E POLÍTICAS PÚBLICAS**

O projeto **Rematriamento de Crianças em Situação de Rua**, patrocinado pela Petrobras, através do Programa Petrobras Socioambiental e do Governo Federal, é uma intervenção que visa fortalecer o papel protetivo da família e da rede de serviços inter-setoriais (assistência social, educação, saúde, cultura) do distrito de Sapopemba, Zona Leste da cidade de São Paulo.

O projeto utiliza a tecnologia desenvolvida pelo Projeto Quixote, chamada de Rematriamento, que consiste em resgatar os vínculos interrompidos por múltiplas razões entre as crianças e os adolescentes que estão em situação de rua e suas comunidades e famílias, partindo das histórias e informações das famílias de origem, em suas comunidades, na região de Sapopemba, por meio da articulação da rede e da formação de educadores e técnicos locais.

A experiência que queremos compartilhar, para nós inovadora, cheia de descobertas, tem como ponto de partida a comunidade de origem, invertendo a ordem das tradicionais intervenções, que partem das crianças e adolescentes já em situação de rua nos centros das cidades. Nas ruas, o conceito de abrangência inclui o dinamismo da circulação que a criança e o adolescente fazem pela cidade, trazendo o conceito de que o território é o menino, base do trabalho do Refugiados Urbanos, programa que o Projeto Quixote desenvolve, de atendimento às crianças e adolescentes em situação de rua.

Nessa experiência em nossa circulação pelo campo, passamos a entender mais sobre o território do menino. Como em um desbravamento por territórios geográficos desconhecidos, mas também por um novo território de relações, potências e desafios, passamos a trilhar vielas e campos para achegar as famílias, a rede local, a comunidade, **a mátria**.

REMATRIAMENTO DE CRIANÇAS EM SITUAÇÃO DE RUA

No trabalho de atendimento a crianças e adolescentes em situação de rua, fragmentos da história que fez aquela criança ou adolescente estar ali não tardam a aparecer quando o vínculo começa a ser construído, com confiança e delicadeza, entre encontros e intervenções. Histórias mais ou menos veladas, marcadas por violência, decepção, rancor, saudades, passam a ser narradas aos pouquinhos. E a comunidade de origem e a família tornam-se cada vez mais presentes, até que em um momento se faz urgente estar mesmo presente com a família, e não "apenas" com as narrativas e memórias desses vínculos trazidas entre passos nas conversas na rua.

Aliás, todo o trabalho de atenção a esse fenômeno bizarro, que é a existência de crianças e adolescentes vivendo em situação de rua, parte da indignação e da indagação sobre por que produzimos socialmente essa situação que ilustra de forma dramática um enredo de violações de direitos. Estar atento às histórias e vivências que levam crianças e adolescentes às ruas é um exercício contínuo de escuta, uma escuta ativa que ajuda todos os envolvidos a também entenderem esse processo cheio de lacunas, angústias e questionamentos. Muitas ações de rematriamento se dão por meio da linguagem, da compreensão desse processo e da busca de sentidos para algumas experiências traumáticas.

No momento em que se torna possível se achegar a família, seja por uma espécie de autorização dada para o atendimento da criança ou adolescente, seja pela urgência, seja pelas informações de endereço e da rede local, nos aproximamos da comunidade e da rede no território de origem, a mátria, e, aí, um novo mundo começa a ser desbravado. O universo de relações, demandas, dificuldades e potências daquela criança ou adolescente que encontramos nas ruas se multiplica exponencialmente.

**Cada mãe, cada pai, irmãos, escolas,
a cozinha, os fios desencapados,
a chuva que molha o quarto, o cartão do
auxílio que se perdeu, os cachorros, a
fome, o mé, o crack, as consultas,
os dutos, a falta de RG, o skate
sem rodinhas se conectam para sugerir
fortemente um destino e um percurso que
se inicia nas vielas e nos oásis
da comunidade onde brincam e culmina em
grandes avenidas, para venda
de balas, em praças e centros
de bairros ou mesmo o centro
da cidade, para dormir, consumir,
escapar, sobreviver.**

Diante da vida que pulsa em cada narrativa de alguém que chega à situação de rua, fica clara a necessidade de estarmos mais nessa origem, nessa comunidade, na mátria, a fim de resgatar as presenças para, quem sabe, entender e evitar esses rompimentos de vínculos que ocorrem em famílias com histórias de crianças e adolescentes que saem para as ruas.

A experiência do Projeto Quixote indica que essas crianças têm origem em sua maioria em bairros da periferia da cidade e migram para o centro, como **refugiados urbanos** em um complexo processo de rompimento de vínculos com a mátria, a comunidade de origem. Nos casos atendidos pelo Projeto Quixote, cerca de 30% das crianças e adolescentes se originam da Zona Leste da cidade de São Paulo.

Segundo o Plano Municipal de Políticas para a População em Situação de Rua da Cidade de São Paulo, um dos pontos de prevenção fundamentais são as ações destinadas à primeira infância. Por ser uma faixa etária bastante vulnerável e fundamental para o desenvolvimento do cidadão, as vivências de violência tanto na comunidade quanto na família e até mesmo nas ruas são muito impactantes no desenvolvimento. O Marco Legal da Primeira Infância (Lei nº 13.257/2016) considera que as políticas públicas para a primeira infância devem levar em conta esse público como sujeito de direitos e prioridade absoluta das políticas e buscar ações que atendam o superior interesse da criança, respeitando suas individualidades bem como os diferentes contextos e culturas em que se encontra.

No caso das crianças ou adolescentes em situação de rua, observa-se que em geral vivem em um contexto de pobreza com famílias em situação de vulnerabilidade. Para que esse ciclo de violação de direitos seja interrompido e que essas crianças que já se encontram em situação de rua possam retomar suas vidas de forma mais protegida, ou que outras crianças não venham no futuro a trilhar o mesmo destino, são fundamentais ações que fortaleçam as famílias, a rede local, e estimulem a permanência das crianças na escola.

O CAMINHO

Rematriamento é um conceito que indica movimento, de ir e vir, com fluxos geográficos e afetivos diversos na cidade, por pontes, entre a periferia e o centro, praças, organizações sociais e serviços públicos, unidos pelos trajetos, sentimentos, brinquedos, esperanças e histórias de crianças e adolescentes.

Variados vínculos familiares, escolares e comunitários são ativados, repensados, fortalecidos e revisitados nos caminhos do rematriamento, como **trilhas** desbravadas de um território geográfico rumo a novas aproximações, sorrisos, alívios.

Para **adentrar** a intimidade da família e compartilhar o trabalho com a rede local, a proposta foi estar junto: conhecer os territórios, as famílias, atender junto, discutir os temas e desafios da rede, dos casos, sentir a impotência e a angústia das famílias diante das situações de vulnerabilidade que enfrentam e também celebrar os novos vínculos, conquistas e histórias de todos os envolvidos, e sobretudo para chegarmos perto da criança e do adolescente.

Para **entrar** em um território novo, é preciso respeito ao contexto, saber que não conhecemos as relações, dificuldades e histórias locais, e reconhecer o que já está sendo feito, os vínculos existentes. Mas, além disso, todo o trabalho exige uma espécie de **convite**, de consentimento de ajuda, de acolhimento.

INTERVENÇÕES DO PROJETO

As ações desenvolvidas no projeto para aproximação e acompanhamento das famílias foram o atendimento familiar, as saídas a campo e os grupos temáticos e, para a articulação da rede, os cursos de formação, as reuniões de rede e as ações compartilhadas. Todas essas ações foram complementares e sinérgicas, algumas vezes se misturando entre um atendimento familiar que ocorria em uma saída a campo e uma abordagem lúdica que se realizava em outro atendimento.

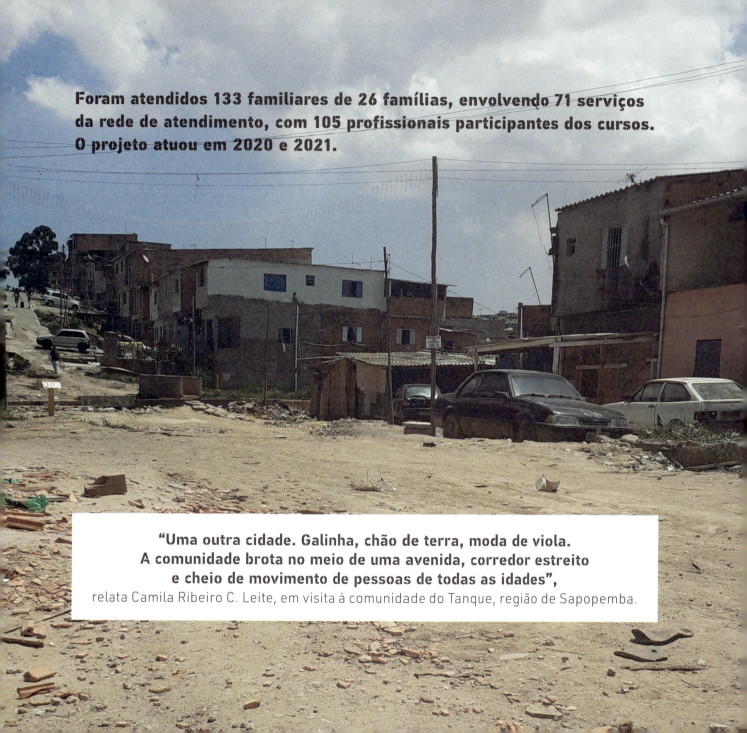

Foram atendidos 133 familiares de 26 famílias, envolvendo 71 serviços da rede de atendimento, com 105 profissionais participantes dos cursos. O projeto atuou em 2020 e 2021.

"Uma outra cidade. Galinha, chão de terra, moda de viola. A comunidade brota no meio de uma avenida, corredor estreito e cheio de movimento de pessoas de todas as idades", relata Camila Ribeiro C. Leite, em visita à comunidade do Tanque, região de Sapopemba.

SAÍDA A CAMPO

As saídas a campo foram realizadas em Sapopemba e em bairros próximos, e também no centro da cidade de São Paulo. Sair a campo é colocar o pé na estrada mesmo para explorar e observar os territórios e abordar crianças e adolescentes nas ruas, praças, a partir de uma espécie de "mapa" rascunhado pelas informações colhidas junto à família, rede, vizinhos. Nesses desbravamentos, ocorrem muitos encontros espontâneos, lúdicos e inesperados.

A observação dos espaços e das dinâmicas dos territórios de circulação de crianças e adolescentes é fundamental para entender e contextualizar os recursos, as oportunidades e riscos, as condições socioeconômicas, que são os cenários das vivências das famílias, e mapear os locais em que se encontram crianças e adolescentes em várias situações. Outras vezes, a saída a campo era motivada pela busca ativa de uma criança ou adolescente específicos nos territórios de Sapopemba e do centro de São Paulo.

Já a aproximação de crianças e adolescentes nas ruas exigiu uma ação gradativa e respeitosa, por meio do contato visual, verbal, que aos poucos se transforma em um acompanhamento. Inicialmente, a abordagem consiste num conhecer-se mutuamente, e a equipe vai mapeando o risco, as necessidades, e construindo um vínculo. A partir do vínculo, é possível novos encontros, passeios, atendimentos psicossociais, visitas às famílias, encaminhamentos para a saúde, saúde mental, centros de convivência, abrigos, escola... conforme as demandas.

ATENDIMENTO ÀS FAMÍLIAS

Para iniciar os atendimentos em um território que não conhecíamos, os serviços de atendimento locais, que participaram dos cursos de formação oferecidos pelo projeto, indicaram famílias a que atendiam ou conheciam com histórico de membros em situação de rua, ou seja, com o apoio da rede local e em parceria com educadores ou técnicos nas comunidades, foram realizadas visitas às famílias em suas casas, para mapear a situação de cada uma delas, conhecer, apresentar o projeto, saber das motivações e histórias das crianças que saíram para a rua, suas necessidades, o acesso à rede local. A partir desses contatos, foram definidas necessidades e a equipe do projeto teceu com cada família caminhos diversos. Escutando sobre os filhos, muitas vezes sem conhecê-los ainda, a equipe acolhia a família, geralmente mulheres, os companheiros, os filhos, os cachorros.

REDE

Estar com outros serviços locais da região de Sapopemba e mesmo de outras regiões da cidade se traduziu no trabalho compartilhado, na divisão de tarefas, nas trocas entre profissionais de diferentes áreas, como saúde, assistência social, defesa de direitos, educação. O trabalho exige articulação, discussão conjunta e oferta de múltiplos apoios. Por meio de reuniões com serviços e territórios, muitas ações foram pensadas e atualizadas, gerando atendimentos compartilhados, apoio para facilitar o acesso da família ou para dividir as tarefas, fortalecendo as intervenções. A troca de experiências e conhecimentos se deu também em cursos de formação voltados para os profissionais da região de Sapopemba e do centro.

Conselho Tutelar da Sé

CAPS São Mateus

EMEF

CURSOS

Para trocar e discutir com a rede local temas relacionados ao atendimento e ao mesmo tempo conhecer os serviços, os profissionais, as pessoas da rede, foram oferecidos e realizados três cursos de formação remotos ao vivo, cada um com 50 vagas: um curso sobre prevenção da situação de rua, outro sobre manejos para o atendimento de famílias e o terceiro sobre prevenção da violência. Esse dispositivo virtual de interação fez com que pudéssemos nos conhecer e nos aproximar por meio de ideias, desafios cotidianos e também das práticas dos diferentes serviços presentes. Foi possível ver as pessoas que atuam na região de Sapopemba. Uma rede é composta por serviços, mas a vida, a interação e a articulação necessária são tecidas por cada pessoa dessa rede. Não à toa, as primeiras famílias foram indicadas para o Rematriamento por serviços que participaram dos cursos. Nos tornamos também conhecidos por meio do Zoom semanal em torno de conceitos e manejos.

A rede é um processo coletivo que envolve fluxos, e a oportunidade de reunir diferentes serviços em um mesmo "espaço-tempo", mesmo que virtual, tornou nossa presença no território mais possível.

GRUPOS TEMÁTICOS

Além das visitas e atendimentos às famílias em suas residências, foram feitos grupos com os familiares em serviços do território. Poder escutar as famílias em um espaço diferente do da própria casa trouxe uma outra forma de estar junto, deixando para trás o quintal, a louça pra lavar, as crianças subindo no colo e os olhares dos vizinhos. Outros temas puderam ser conversados e trocados com membros de outras famílias que vivem as mesmas dificuldades. A identificação com o outro fornece apoio, gera aprendizagens, valoriza o papel do cuidador e os laços comunitários de pessoas que compartilham o mesmo território, os mesmos serviços e vulnerabilidades.

NA ESCUTA

A equipe dividida em dois grupos traz recortes diferentes sobre as demandas que se apresentaram para compreender o que seria o fenômeno do rematriamento.

Num grupo, as demandas mais clássicas e mais próximas do que já tínhamos acompanhado no Projeto Quixote, ou seja, jovens que estão morando nas ruas e que ocasionalmente entram em contato com a família. Nem todos esses jovens estão no centro de São Paulo, alguns na própria região de Sapopemba e São Mateus...

No outro grupo, tem sido muito frequente a singularidade de visitas a territórios "clandestinos" — espaços de comunidade que se forjaram no término de ruas, localizados numa fronteira entre o urbano e o rural. Esses espaços apresentam em comum o fato de não ser um local reconhecido pelo Estado, alguns em condições sanitárias e de habitação muito precárias, população exposta aos dutos da Petrobras. Crianças e adolescentes que moram com sua família dividindo espaço com outras famílias ficam brincando nos lugares próximos à residência, mas expostas à coexistência com adultos que fazem consumo de álcool e outras substâncias psicoativas. Essas crianças e adolescentes foram indicadas pela escola por causa das frequentes ausências, pelo comportamento pontualmente opositor, pelos aparentes maus-tratos. Nesse subgrupo, se discute muito o que seria pensar uma ação de rematriamento dentro desse contexto "marginal" que traz uma cultura própria de funcionamento e apresenta uma tendência de desconfiar de qualquer presença que se associe a oficial do Estado.

Nesse contexto as ações de rematriamento apresentam uma tendência grande de acolhimento das famílias, dos serviços que estão próximos desses territórios, para posteriormente construir mediações possíveis entre essas famílias e os serviços da rede local. A questão que se debate muito nesse grupo diz respeito aos conceitos de cuidado dessas famílias e nossos conceitos de cuidado, as consequências de habitar um território desmatriado pela cidade, e o que seria possível como intervenção num espaço de grande exposição ao tráfico.

O rematriamento neste projeto se revela através dessas duas faces: a da criança ou adolescente que está na rua e longe da sua família e a dessas famílias que habitam espaços longe do Estado.

Cláudio Loureiro

METODOLOGIA

METODOLOGIA

COMO SE ACHEGAR

Uma das primeiras perguntas da equipe do Rematriamento era como se aproximar de famílias com as quais não temos vínculo e as quais não haviam nos procurado para algum atendimento, nem conhecíamos seus filhos. Em nossas outras abordagens, os contatos iniciais se dão a partir da **aproximação** com uma criança ou adolescente já em situação de rua. A partir desse primeiro contato a possibilidade de achegar-se à família se construía aos poucos.

O desafio do trabalho focado nas famílias com histórico de crianças em situação de rua era desenvolver um jeito de chegar à casa delas, ganhar confiança e uma espécie de autorização de ajuda.

Quando atuamos em uma instituição, com uma sede e um serviço que recebe pessoas, lidamos com barreiras visíveis e invisíveis que criam uma atmosfera que favorece, ou não, a chegada de quem vem buscar algum tipo de ajuda. E prestar atenção no modo de acolhimento de quem chega é fundamental. O acolhimento é um conceito que caminha com o Projeto Quixote em todas as nossas atividades, como uma postura, um deixar pousar, ser escutado, respeitado.

A atmosfera de acolhimento implica um compromisso de todos os que trabalham na instituição e vai desde o cuidado com o ambiente, em seus cantinhos e mimos, até a disponibilidade sentida nas interações e nos olhares, na escuta atenta, sem prejulgamentos, que guarda os tesouros ditos e não ditos, e na magia que faz com que aquele espaço e momento do estar junto nos tire por um instante do mundo e nos faça rever e reviver um pouco da nossa verdade.

Mesmo quando estamos atendendo nas ruas, e as paredes somos nós, com nossos combinados, percursos e intervenções em um cenário amplo e ruidoso, em que também somos estrangeiros, aprendemos a lidar com a hospitalidade exigida nas aproximações em uma abordagem de crianças ou adolescentes. Se em uma instituição a hospitalidade pode ser condicional, atrelada a uma etiqueta de atendimento com espaços, dias, horários, entre outros, na rua a hospitalidade já estaria mais próxima a uma hospitalidade incondicional, ou seja, com menos condicionantes e regras, e mais abertura ao outro e às circunstâncias do primeiro encontro.

Mas, quando o trabalho se inicia na comunidade, na mátria, o desafio está em se fazer acolhido em um novo território, em uma nova rede e em novas casas, em novas histórias.

E, se o encontro se dá na intimidade da casa, no porta a porta, a hospitalidade é recíproca, ser acolhido e acolher, mas há que superar um estranhamento inicial.

No Rematriamento, a escolha foi se aproximar do território por meio da rede. Visitamos as organizações locais, mapeamos os serviços, nos apresentamos e fizemos um convite, para trocar e refletir sobre a prevenção da situação de rua entre crianças e adolescentes por meio de cursos de formação para profissionais da rede local, e, ao final, cada serviço podia indicar casos de famílias que atendia ou conhecia com histórico de filhos em situação de rua para serem atendidas pelo projeto. Cada indicação gerou reuniões e acordos com a rede, e logo a equipe se preparou para o campo e o encontro com cada história em endereços desconhecidos no extenso bairro de Sapopemba.

MAS AQUI NÃO TEM CRIANÇAS DE RUA

Se as praças e ruas das grandes cidades são territórios em que o fenômeno crianças e adolescentes em situação de rua é infelizmente comum, quase tão incorporado à dinâmica urbana que se torna invisível, na comunidade, falar de crianças em situação de rua pode causar certo espanto em alguns serviços, como se essa ocorrência não estivesse presente nas discussões, nas ruas, nas famílias do território. Um outro tipo de invisibilidade. No primeiro curso oferecido para a rede local, uma questão para alguns serviços era: por que o projeto focava nessa região, onde estão essas crianças de rua?

Em contrapartida, quando o atendimento ocorre na outra ponta, o centro da cidade, muitas vezes, ao menos na experiência de atendimento do Projeto Quixote, a maior parte das narrativas e histórias sobre a origem das famílias das crianças e dos adolescentes se referem à Zona Leste da cidade, muitas delas da região de Sapopemba e São Mateus.

Por onde escapa esse reconhecimento do fenômeno, da prevenção ou da dificuldade do acesso aos serviços no território de origem? O atendimento às famílias da região com crianças e adolescentes em situação de rua nos ajudou a avançar na resposta.

A RUA COMEÇA ANTES DA RUA

A invisibilidade começa antes do rompimento dos vínculos com a comunidade de origem.

A clandestinidade dos endereços, do estado civil, o acesso às políticas públicas e mesmo a circulação das crianças e adolescentes em um território tão amplo, inclusive por municípios vizinhos, contribuem para um espalhamento. A violação de direitos começa na comunidade. As crianças e adolescentes já estão em situação de vulnerabilidade, e muitos em situação de rua.

O olhar do estrangeiro — no caso, nós, como extraterrestres nesse novo território — pode colocar luz naquilo que talvez fique banal no cotidiano: trabalho nos faróis, uso de drogas, proximidade com o tráfico, brincadeiras em tantos campos sem supervisão de adultos, pouca frequência à escola... todos ingredientes de um destino quase inescapável: a rua.

A RUA É AQUI

Nossa equipe, nas andanças no campo, nas visitas às famílias, nas reuniões com a rede e nas inúmeras abordagens no território, se deu conta da **vulnerabilidade dos laços que unem as crianças à infância, das condições difíceis da vida, das moradias e da pandemia**, pano de fundo desse nosso tempo em Sapopemba. Como se as crianças e adolescentes já estivessem em situação de rua, mesmo vivendo em suas comunidades de origem. A proximidade com a violência, com o uso de drogas, com diversas privações, especialmente agravadas pelo contexto da pandemia, o estar descalço, sujo ou pouco vestidos no frio são vivências similares às encontradas na rua. Muitos buscando renda nos faróis do bairro, tornando a experiência de ir de fato para a rua uma vivência estendida desse grande quintal que é o bairro.

O PAPEL DO EDUCADOR: DESPERTAR O DOCE*

No Projeto Quixote somos uma equipe grande com profissionais de diversas formações. Temos médicos, enfermeiros, assistentes sociais, psicólogos, terapeutas ocupacionais, oficineiros de várias formações diferentes. O nosso trabalho é baseado nessa multiplicidade de olhares que vão sendo compostos nas discussões entre esses profissionais que lidam diariamente com as crianças e os adolescentes sobre as atividades que foram realizadas, sobre a história de cada criança, de cada jovem, sobre os manejos necessários para cada situação etc.

Desde o início, o Quixote trabalha com a ideia de que independentemente da nossa formação profissional somos aqui, cada um de nós, **educadores**. Essa ideia tem a ver, desde a origem do Projeto Quixote, com as referências teóricas que nos inspiraram e que fazem todo o sentido, e continuam fazendo, que é entender cada profissional como educador.

Uma das formas de entender a origem da palavra "educador" é: aquele profissional que está diante de um outro ser humano, que tem a responsabilidade, a técnica e, eu diria, o privilégio, de estar numa relação de ajuda. Ajuda no sentido de oferecer ao outro, no nosso caso a criança, o jovem, o familiar, a possibilidade de compreensão mais alargada sobre si mesmo e sobre o mundo no qual cada um de nós vive.

Etimologicamente, a palavra pode ser compreendida como "aquele que tem esse privilégio e a responsabilidade de despertar o sabor doce, o adocicado, na outra pessoa, no outro ser humano". Acho curiosa essa ideia porque é essa a alma do nosso negócio, da relação entre uma criança, o jovem, um adulto em um ambiente educativo, essa capacidade de despertar no outro a sensação gustativa do doce. O conhecimento também é doce, também causa prazer

---

* Texto transcrito do curso "Manejos pedagógicos", disponível em: https://www.youtube.com/watch?v=V9tLZOekGkE

profundo muitas vezes, quando a gente tem a compreensão alargada sobre o mundo, sobre o nosso mundo interno, sobre o mundo externo.

Com a especificidade da formação de cada um, vai sendo construído um mosaico a partir dessa multiplicidade de olhares, mas a partir desse pressuposto cada um de nós é um educador.

Uma outra questão relacionada ao papel do educador é que – e aí eu convocaria a psicanálise para entender – nós, seres humanos, desde o nascimento, nos constituímos enquanto sujeitos a partir da relação com o outro, ou seja, nós somos, nós nos constituímos a partir da relação com o outro. Geralmente, esse outro é a mãe, mas não necessariamente a mãe, às vezes é uma outra pessoa, pois não existe essa mãe biológica, vemos muitas vezes isso no Quixote.

Esse olhar da mãe para o nenê é fundamental, esse olhar amoroso, que é um olhar que constitui o sujeito, e é fundamental para o sujeito ser um sujeito ativo psicologicamente na sua vida que ele tenha tido essa experiência desse olhar atento, que está junto, que olha, e o nenê entende que tem alguém junto com ele.

Isso a psicanálise nos ensina, vale para o nenê na relação dele com a mãe, mas vale para todos nós na vida adulta. Inclusive, na juventude, na infância; enfim, sempre. Nós, seres humanos, nos constituímos na relação com o outro. Falo tudo isso porque, trazendo aqui no nosso contexto do Projeto Quixote os nossos atendimentos, nas nossas oficinas, ateliês etc., tem como base essa ideia também, como pressuposto esse olhar atento, amoroso, de cumplicidade, que facilita muitas vezes, para crianças e jovens com histórias de traumas profundos, o processo de resgate nessa perspectiva fundamental de poder confiar no outro ser humano. Aspecto importante quando pensamos, aqui no Projeto Quixote, o papel do educador.

Resumindo, educador é aquele que é capaz de estimular o entusiasmo. Entusiasmo vem da ideia de "Deus dentro"; então, é a partir da relação, uma relação de confiança entre os educadores e as crianças, que o percurso vai se construindo aqui no Projeto Quixote.

Auro Danny Lescher

DESPERTAR O SER POLÍTICO*

Antes de começar a trazer aqui algumas ideias sobre o papel do educador, gostaria de trazer uma construção muito antiga feita por Aristóteles, na qual o homem é um animal político. O que quer dizer isso? Não no sentido partidário, como às vezes, muito erroneamente, a gente entende a palavra "político", mas político como ser, pessoas que vivem na *polis*, na cidade, que lidam com pessoas diferentes. Então, no meu entendimento, o primeiro papel do educador é nos educar nessa arte de sermos políticos, nessa arte da convivência, com as diferenças, de convivência com o outro. É claro que ao longo do percurso, do caminho e dos vários encontros diferentes, a gente vai forjando os recursos necessários para praticarmos cada vez mais esse exercício político de construção mútua e de desenvolvimento das relações em uma sociedade.

Eu poderia falar muitas coisas sobre o papel do educador, mas, para mim, a grande estrutura é o que nos introduz na experiência de sermos um animal político, como lembrava Aristóteles. Quando falo de o educador nos introduzir nesse exercício político, isso não é uma construção fria, de informações, de conteúdo. Está muito relacionada com a radicalização da presença na coexistência com o outro, na experiência aberta de se constituir um sujeito comunitário que traga movimentos diferentes à realidade vivida e na descoberta do potencial individual de cada um para somar com o todo.

Cláudio Loureiro

---

*　Texto transcrito do curso "Manejos pedagógicos", disponível em: https://www.youtube.com/watch?v=V9tLZOekGkE

FAMÍLIA

FAMÍLIA

CADA PORTA, UM UNIVERSO

PRIMEIRA VISITA: UMA ESTRADA PELA FRENTE

Atender as famílias no Rematriamento significa ir até a casa delas. Chegar às suas portas, na realidade cotidiana, do feijão no fogo, com cachorros no quintal, as crianças dormindo. Em meio à pandemia, as ações presenciais ganharam outro sentido. Um tanto de ousadia, invasão e insegurança recíproca, tanto das famílias que nos recebiam quanto da equipe que circulava entre as casas em um dos bairros de São Paulo mais afetados pela covid-19. Mas também um tanto de heroísmo, empatia e presença em um momento em que vários serviços estavam em *home office,* com restrições de circulação e atendimento.

Atendimento à família significa atendimento para um grupo de pessoas, com laços afetivos, consanguíneos ou não, que compartilham um mesmo espaço e dificuldades, com diferentes idades e demandas. O exercício do atendimento nos fez aos poucos deslocar o olhar da criança ou adolescente em situação de rua e estender e entender a família como grupo, com uma dinâmica própria, recursos e potências, e também fragilildades. Com o desafio de ao mesmo tempo garantir um espaço para a singularidade de cada um dos familiares.

As idas às casas das famílias foram realizadas por duplas ou trios de profissionais de campo, contando com agentes redutores de danos, assistente social e/ou psicóloga. Todos com alma e postura de educador. Conforme a dinâmica do atendimento presencial da família, a equipe atuava junto ou separada e acolhia ora os adultos, ora as crianças.

Ao longo do processo, com a singularização do atendimento, foram necessárias algumas intervenções fora do espaço da residência, para garantir mais privacidade, mais silêncio. Seja simplesmente na rua em frente, seja sentados na calçada, ou logo ali em uma praça, ou em espaços cedidos pelos serviços da região para os encontros de grupo de familiares, e as conversas individuais. Na maioria das vezes, o membro da família espécie de porta-voz e protagonista era a mãe. Uma mulher muitas vezes aflita e cansada.

Inicialmente, a equipe teve como objetivo chegar, se apresentar, conhecer a família, escutar suas demandas e iniciar o atendimento, à medida que o vínculo de confiança era construído. Nessa aproximação inicial, a equipe mapeou também as condições da moradia, as socioeconômicas, os recursos da família e as dificuldades. Ouviu histórias e buscou entender se na família indicada pela rede havia crianças em situação de rua ou de vulnerabilidade com risco de ir à rua.

Condições insalubres, presentes nas moradias, nos relatos da equipe e nas vidas das famílias: as primeiras visitas às famílias foram muito impactantes. Como se um novo universo desconhecido se revelasse a cada nova porta aberta. Em uma fotografia inicial, a diversidade de situações vividas indicava muitas possibilidades e fragilidades que impactam a vida das crianças e adolescentes.

Além das condições das moradias, foram observadas dificuldades para o acesso aos serviços locais, como UBS, escola, problemas com documentação básica, questões de saúde mental da família (alcoolismo, depressão, uso de drogas), encarceramento dos responsáveis, vivência de rua dos genitores ou dos filhos, medidas socioeducativas,

negligências no cuidado com as crianças (crianças sujas, óculos quebrados há muito tempo), ameaça de perda da guarda dos filhos ou medo dos filhos com vínculos com o tráfico, espaços de brincar desprotegidos, insegurança alimentar.

No dia a dia com a equipe, isso se traduzia pela escuta de pedidos de ajuda.

"Me ajuda a entender esse documento."

"Tô com medo de perder a guarda dos meus filhos."

"Meu cartão não funciona."

"A vida tá difícil."

"Perdi a vaga."

"Ele não tem RG."

"Não sei por que ele vai pra rua."

A violência se apresenta de várias formas, seja na escuta das relações violentas, seja via violação de direitos...

Em função da pandemia e diante das questões humanitárias que se faziam presentes nos atendimentos, o projeto Rematriamento passou a distribuir cestas básicas às famílias atendidas, além de itens como máscaras e álcool em gel.

O projeto passou a ser mais conhecido na região. Com a presença regular e as ações complementares no campo e na rede, o papel de ponte e acesso à rede local pareceu aos poucos se consolidar para várias famílias atendidas. Pela proximidade nos encontros, solicitavam ajuda da equipe, por exemplo, para agendar atendimentos no CRAS, CREAS, CCA, Poupatempo, serviços da região... Algumas vezes, pediam orientações para entender questões jurídicas, como processos relacionados à guarda dos filhos, processos criminais, ou medidas socioeducativas em que estavam envolvidas. Em uma delas, a dificuldade era o resgate do cachorro agressivo no quintal.

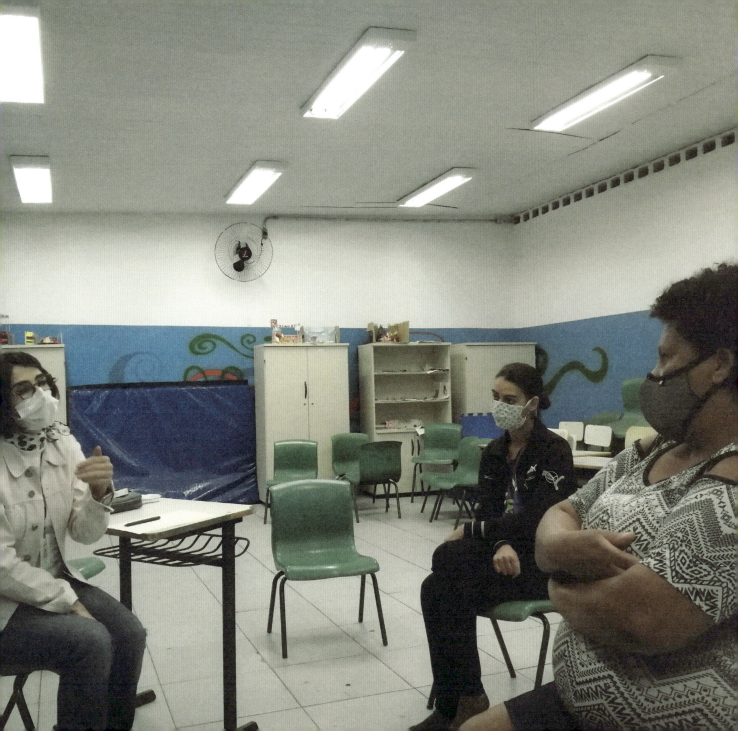

Muitos atendimentos só foram possíveis com a articulação da rede local, seja para atendimentos da área da saúde, seja para a área de defesa de direitos, regularizações de documentos ou da situação escolar, obtenção de benefícios, encaminhamentos para situações mais complexas, como uso de drogas

Na rua, quando abordamos uma criança ou adolescente e ela ou ele se encontra no momento agudo da vulnerabilidade, quase como em um flagra, seja dormindo na calçada, seja usando *crack*, ou em qualquer outro momento em que se testemunha sua situação de rua, dizemos que estamos na cena de uso, no território de uso. Embora mais comum na questão do consumo de drogas, essa imagem de cena de uso, com o aqui e agora, se espelha na comunidade, nas casas, como o testemunhar a cena da vida mesmo. Essa intimidade da escuta, que une as narrativas contadas pela família sobre suas vidas com a que a equipe vive junto e também narra sobre a experiência desses encontros, gera novas demandas, como a necessidade de acompanhar um caso de suspeita de abuso, outro de violência doméstica ou saúde mental.

"Acompanhar" parece ser o verbo mais adequado para descrever esse "estar junto". Passar para saber como as coisas estão, atualizar as informações dos atendimentos agendados na rede, fazer novos combinados, estar disponível. Disponível para ir junto ao Poupatempo, à consulta no CAPS, à escola, para apoiar os familiares, dar suporte para facilitar o transporte até o serviço, ajudar a entender as orientações dadas ou mesmo um apoio emocional.

O processo de rematriamento como conexões com a mátria e o território pareceu também incluir um novo aspecto, que é **o rematriar a rede**. Conectá-la de novas formas ao próprio território, com as famílias, e vice-versa. E entender melhor onde o fio desconecta e gera o não acesso ao que há disponível.

Conquistas simples e complexas desse processo convidam à reflexão sobre o impacto do trabalho.

**O que significa para uma criança de 12 anos
obter sua certidão de nascimento?**

**O que significa para uma família
conseguir acessar seu cartão de alimentação?**

**O que significa para um adolescente
ver legitimado seu desejo de um dia ser professor?**

**"São famílias que dizem estar tudo bem,
pois é essa a realidade que vivem lá há muitas gerações.
As perdas, mortes, fome são situações cotidianas
que se tornam banais junto à dor.
Dar ouvidos a essa dor e devolver o espanto
e a empatia são elementos que humanizam a vida."**

Relato da equipe

FERRAMENTAS DE OLHAR A FAMÍLIA

No trabalho com famílias em vulnerabilidade social, com vistas ao rematriamento, é indispensável ter em mente algumas perguntas facilitadoras e de abertura para o processo de conversação e vinculação que favoreçam o engajamento da família em seu processo de vida: o que é importante mapear? Em que fase do ciclo vital a família se encontra no momento? Qual o modelo de família, como está composta e organizada? Como os atendidos definem família? Em que bases ela foi construída, qual é a sua origem, seus valores, sua história? Quais são as referências familiares? Quem é o "porta-voz" da família? Qual é o principal ponto de apoio do núcleo familiar? Com quem podem contar em situações críticas no âmbito geral e específico? Quais são seus pontos fracos e os fortes? Qual é a rede familiar ampliada? Como ela se entende no contexto social, cultural e territorial onde está inserida? De que maneira lida com os conflitos e eventos adversos?

Nesse campo tão diverso e desafiador, para conhecermos um pouco mais sobre a realidade das famílias, sua dinâmica e padrão de funcionamento, é importante lançar mão de algumas ferramentas, como:

– Visita domiciliar: um recurso precioso e que exige alguns cuidados para não configurar invasão de privacidade, causando mal-estar, desconforto e constrangimento, e até mesmo o afastamento do atendido, que na maioria das vezes se encontra em situação de fragilidade. É importante que o profissional se mantenha numa postura respeitosa, cuidadosa, com curiosidade e escuta generosa para "ser o anfitrião do outro em si". Ao chegar a uma residência, é imprescindível atentar para o propósito do trabalho, o que se pretende. Esse momento inicial é primordial para um encontro proveitoso, pois não sabemos se haverá uma segunda oportunidade. Por isso, ao adentrar num domicílio, é desejável, primeiramente, agradecer, dizer um "muito obrigado" pela oportunidade, recepção e hospitalidade do anfitrião. Essa postura é fundamental para favorecer a conexão e a abertura para uma boa conversa e para um encontro significativo e produtivo. Se porventura houver na casa uma televisão, rádio, qualquer tipo de interferência que possa prejudicar a conversa, é de boa conduta que com delicadeza e educação solicite que abaixe o volume e/ou até desligue o aparelho durante o encontro.

– Álbum de família: as fotografias e os objetos pessoais são recursos essenciais como facilitadores de diálogo, pois trazem memórias afetivas e narrativas diversas e corroboram a construção de novas possibilidades de conversa, significados, movimentos e mudança.

– Genograma: representação gráfica que facilita mapear a estrutura na qual a família está embasada, quais e quantos são seus componentes, até mesmo os animais de estimação, a qualidade das relações, os problemas de saúde mental, uso de substância, mortes, conflitos etc. Sua linguagem é clara, o que facilita a compreensão em caso de pessoas com dificuldades cognitivas e de aprendizagem.

- Linha do tempo: outro recurso muito eficaz no trabalho de rematriamento, pois permite traçar o histórico da família, identificar os ciclos, as crises, ampliar o olhar para os percursos que a família realizou e pensar planos para o futuro.

— Ecomapa: representação gráfica que complementa e dá visibilidade ao território em que a família está inserida, ele facilita a visão do que está no entorno do contexto familiar e principalmente a relação da família com esses recursos. Assim, temos as unidades básicas de saúde, creches, escolas, igrejas, áreas de lazer, parentes, amigos, vizinhos, que permitem mapear a relação da família com essa rede e vislumbrar dificuldades no acesso aos respectivos serviços; além disso, possibilita entrever a escassez de serviços essenciais.

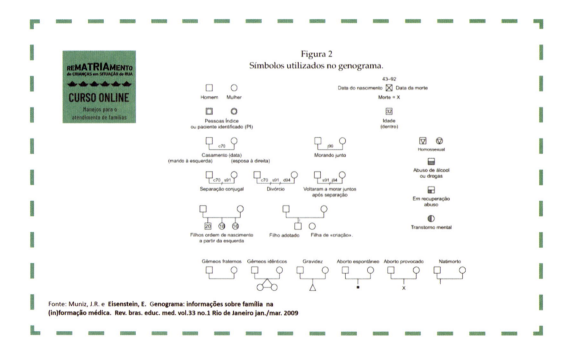

Fonte: Muniz, J.R. e **Eisenstein, E. Genograma: informações sobre família na (in)formação médica.** Rev. bras. educ. med. vol.33 no.1 Rio de Janeiro jan./mar. 2009

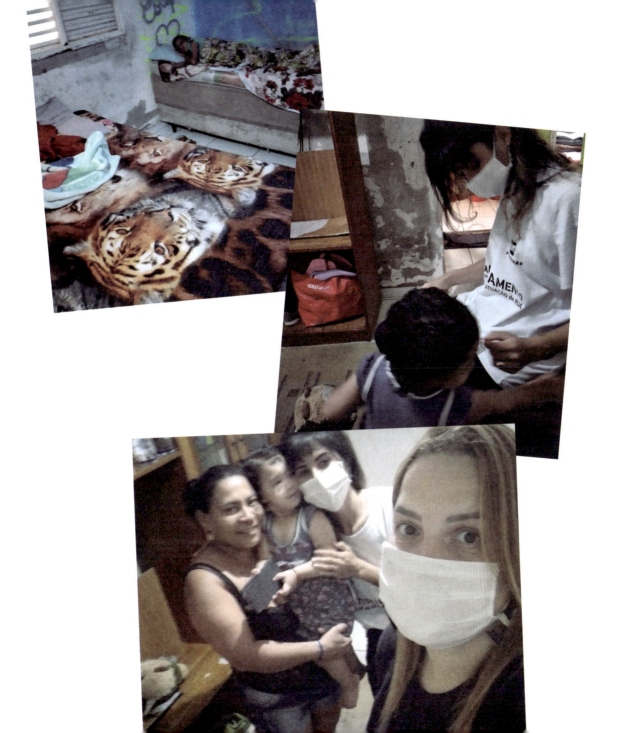

"Quando realizamos um atendimento à família, consideramos importante ouvir o histórico, e todas as versões possíveis que surgem, tanto dos responsáveis quanto das crianças ou adolescentes. É importante saber se essa família já foi atendida em algum local da rede e então entrar em contato para saber mais do seu histórico de acompanhamento. Essa discussão com a rede ou a equipe local implicará trocar informações obtidas a fim de atender à família em questão da melhor forma possível."

Rodrigo Impossinato,
participante de curso do projeto
Rematriamento

"O trabalho com famílias se concretiza quando temos a oportunidade de conhecer a família e identificar suas dificuldades, suas potencialidades e recursos, ainda articular ações conjuntas que possam favorecer a autonomia e reduzir os impactos dos fatores de risco; dessa forma, é possível gerar melhorias na qualidade de vida de todos os seus membros."

Suely A. Fender

Todos os recursos são importantes, porém, a visita domiciliar é uma das principais ferramentas no rematriamento, pois ela favorece a abertura para todo o processo, é essencial para que possamos nos aproximar e conhecer melhor a história, a dinâmica e o padrão de funcionamento da família: como se comunicam? Como se relacionam? Quais são as histórias predominantes? Como conectam as memórias afetivas, os sabores/comidas, cheiros, brincadeiras. Essas conexões favorecem o processo de pertencimento e consequentemente do **rematriamento**.

As visitas domiciliares devem ser realizadas em duplas, assim podemos garantir a fronteira profissional, para que esta não seja arrastada pela demanda da família. Por exemplo, se uma criança precisa ser confortada, é indicado apoiar os responsáveis para fazerem isso, em vez de o educador assumir essa função.

O processo de **rematriamento** deve ser realizado de forma gradual e contínua, pois "empurrar demais" a família para a mudança pode ser contraprodutivo e ela não conseguir se sustentar e acabar sentindo que é um fracasso e ficar temerosa de ser abandonada pelos educadores, que, por sua vez, podem ficar inseguros e não se sentirem úteis. Além disso, o profissional que se sente impulsionado a fazer tudo por um atendido talvez se sinta sobrecarregado pelas demandas e recue, causando transtornos para o caso. "O salvador acaba sendo o abandonador."

Outro fator relevante é que o atendido é o especialista dos seus dramas, de sua história, das suas questões, sejam eles quais forem. Em suma, "no trabalho com famílias, a arte de acessá-las consiste em descobrir o que impede a família de atingir seus objetivos e unir-se a ela para conceber uma visão de como passar de onde ela está para onde ela quer estar" (Minuchin, 2009).

Isabel Ferreira

ALGUNS ORGANIZADORES PARA INTERVENÇÃO FAMILIAR

A família como instituição tem sido extensamente discutida por muitas áreas do conhecimento e, de modo geral, vem passando por mudanças que correspondem às transformações da sociedade. Contudo, sua importância e seu papel continuam essenciais; independentemente de qual seja sua constituição, é o núcleo primordial que recebe e abriga a criança, o lugar onde ela realiza a experiência de existir como um ser em si mesmo.

Trabalhar com famílias é sempre um desafio, pois nem todas elas conseguem ter uma organização, ou estruturar uma dinâmica favorável para o desenvolvimento de seus membros. Por isso, é tão importante, antes de abordarmos o tema "famílias em situação de vulnerabilidade e risco social", a reflexão sobre como definimos família, como entendemos a família contemporânea, sua complexidade, seus vários arranjos e todas as suas possibilidades.

Entre as diversas funções da família, pode-se destacar o espaço de continência para as emoções, para o sofrimento, para as alegrias, para as experiências de sucesso, para a criação de um contexto de aprendizagem, a relação de cuidado com o estabelecimento de regras e limites, a abertura de um espaço para treino dos papéis sociais e, principalmente, a formação de vínculos afetivos positivos.

Considerando a circunstância de vida dessas famílias, parece fundamental acolhê-las, dar suporte e continência às suas vulnerabilidades e às suas potencialidades. Como favorecer essas funções das famílias?

Alguns pontos norteadores da intervenção em famílias:

1. **Estabelecer metas** para a intervenção. Isso norteia o objetivo da intervenção. Uma boa estratégia é desenhar as intervenções em torno do problema descrito pela família, isto é, começarmos por aquilo que a família traz como problema.

2. Conhecer desde o início da intervenção quais **outros serviços** e instituições estão envolvidos no caso.

3. Pensar em termos de **redes de pessoas relevantes**, sejam elas componentes da família, relações sociais ou membros de instituições que sejam parte da vida da família.

4. Aprender a escutar e a falar uma **linguagem que é significativa** para a família atendida.

5. Reconhecer as características estruturais e da **dinâmica da família:** nomes dos membros, idades, datas de acontecimentos marcantes, moradores da casa etc.

6. Identificar o **funcionamento familiar:** regras, crenças, afetividade, comunicação.

7. Reconhecer os **recursos** e suportes familiares.

8. Observar os **fatores de risco** e de proteção da situação atual.

9. Trabalhar para **resgatar as competências**/capacidades da família.

10. Ter uma **postura que estimule** a autonomia e o protagonismo.

11. Potencializar o **papel protetor** e investir nas figuras parentais.

12. Fortalecer a **autoestima das mulheres**.

13. Considerar o **aspecto preventivo** para todos os membros da família e da rede social imediata.

14. Avaliar, na intervenção, a **inclusão** social e profissional.

15. Buscar intervenções conjuntas com a **rede de servicos**.

Além dessas orientações, podemos utilizar instrumentos facilitadores do atendimento, pois permitem a aproximação da família, a escuta e a elaboração da situação vivida, por meio de linguagens e vivências diferentes, como a entrevista, a visita domiciliar, os atendimentos em grupo, o genograma, a linha do tempo, o ecomapa.

Suely A. Fender